루이 브라유

일러두기

1. 이 시리즈는 영국 Franklin Watts 출판사의 「Famous People Famous Lives」 시리즈를 기반으로 국내 창작물을 덧붙인 초등학교 저학년 대상의 인물 이야기입니다.
2. 초등학교 저학년이 이해하기 힘든 사건이나 사실들은 편집부에서 설명을 덧붙였습니다.
3. 사람 이름이나 지역 이름 등 외국에서 들어온 말은 국립 국어원의 외래어 표기법을 따랐습니다.

Famous People Famous Lives
LOUIS BRAILLE
by Tessa Potter and illustrated by Helena Owen

Text Copyright © 1999 by Tessa Potter
Illustrations Copyright © 1999 by Helena Owen
All rights reserved.

Korean Translation Copyright © 2009 by BIR Publishing Co., Ltd.
Korean translation edition is published by arrangement with Franklin Watts,
a division of the Watts Publishing Group Ltd. through Imprima Korea Agency.

이 책의 한국어판 저작권은 Imprima Korea Agency를 통해 저작권사와 독점 계약한 **(주)비룡소**에 있습니다.
저작권법에 의해 한국 내에서 보호를 받는 저작물이므로 무단 전재와 무단 복제를 금합니다.

루이 브라유

테사 포터 글 헬레나 오웬 그림 이다희 옮김

비룡소

루이 브라유는 앞이 보이지 않는 사람들이 읽고 쓸 수 있는 점자를 발명한 사람이에요.
점자는 두꺼운 종이 위에 도드라진 점들을 일정한 방식으로 박아 만든 글자이지요. 그래서 눈이 보이지 않는 사람들도 손끝으로 더듬어 글을 읽고 쓸 수 있어요.

루이 브라유는 1809년 프랑스의 쿠브레라는 작은 마을에서 태어났어요.

루이는 사 남매 중 막내였어요. 형, 누나들과는 나이 차이가 꽤 많이 났지요.

루이네 집은 암탉 여러 마리와 소 한 마리를 길렀지요. 가족들이 모두 일하러 가면 루이는 농장에서 기르는 암탉을 쫓거나 아버지의 작업장을 기웃거렸어요.

루이의 아버지는 말을 탈 때 쓰는 도구들을 만들었어요. 루이는 아버지가 가죽 앞치마를 입고 안장과 고삐 만드는 것을 시간 가는 줄 모르고 구경했지요.

　루이는 영리하고 호기심이 많았어요. 무슨 일이든 직접 해 봐야 직성이 풀렸지요. 특히 어머니와 아버지가 하는 일은 무엇이든 따라 하려고 했어요.

어느 날 루이는 아버지의 작업장에서 혼자 놀고 있었어요. 그때 루이는 겨우 세 살이었지만 아버지처럼 가죽에 구멍을 뚫어 보고 싶었지요.

루이는 의자를 디디고 작업대로 올라갔어요. 아버지의 작업대에는 신기한 도구들이 가득했지요. 루이는 날카로운 송곳 하나를 집어 들었어요.

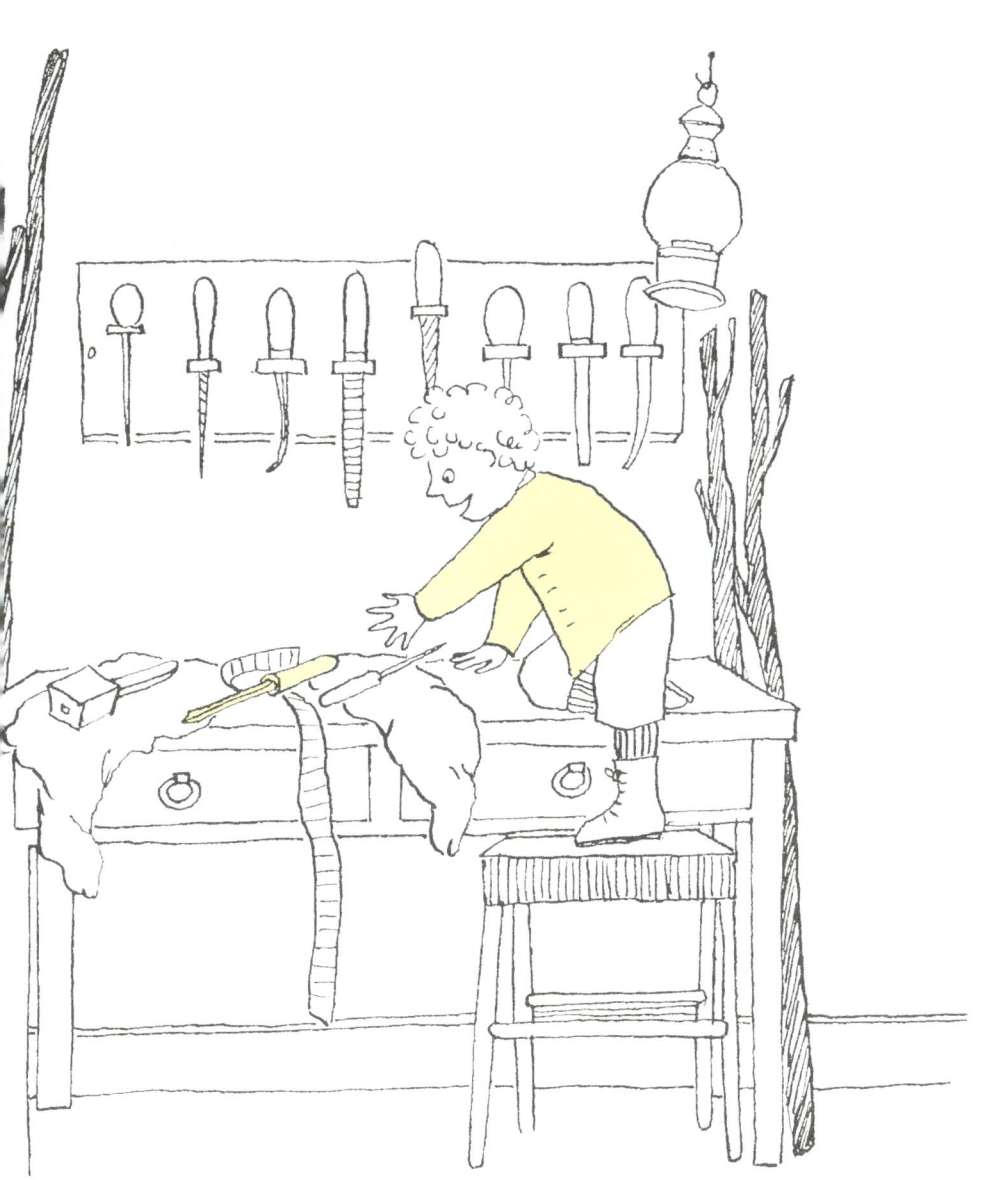

루이는 아버지가 평소에 하던 대로 송곳으로 가죽을 힘껏 찔렀어요. 송곳은 가죽 표면을 쭉 미끄러지더니 루이의 눈을 찌르고 말았어요.

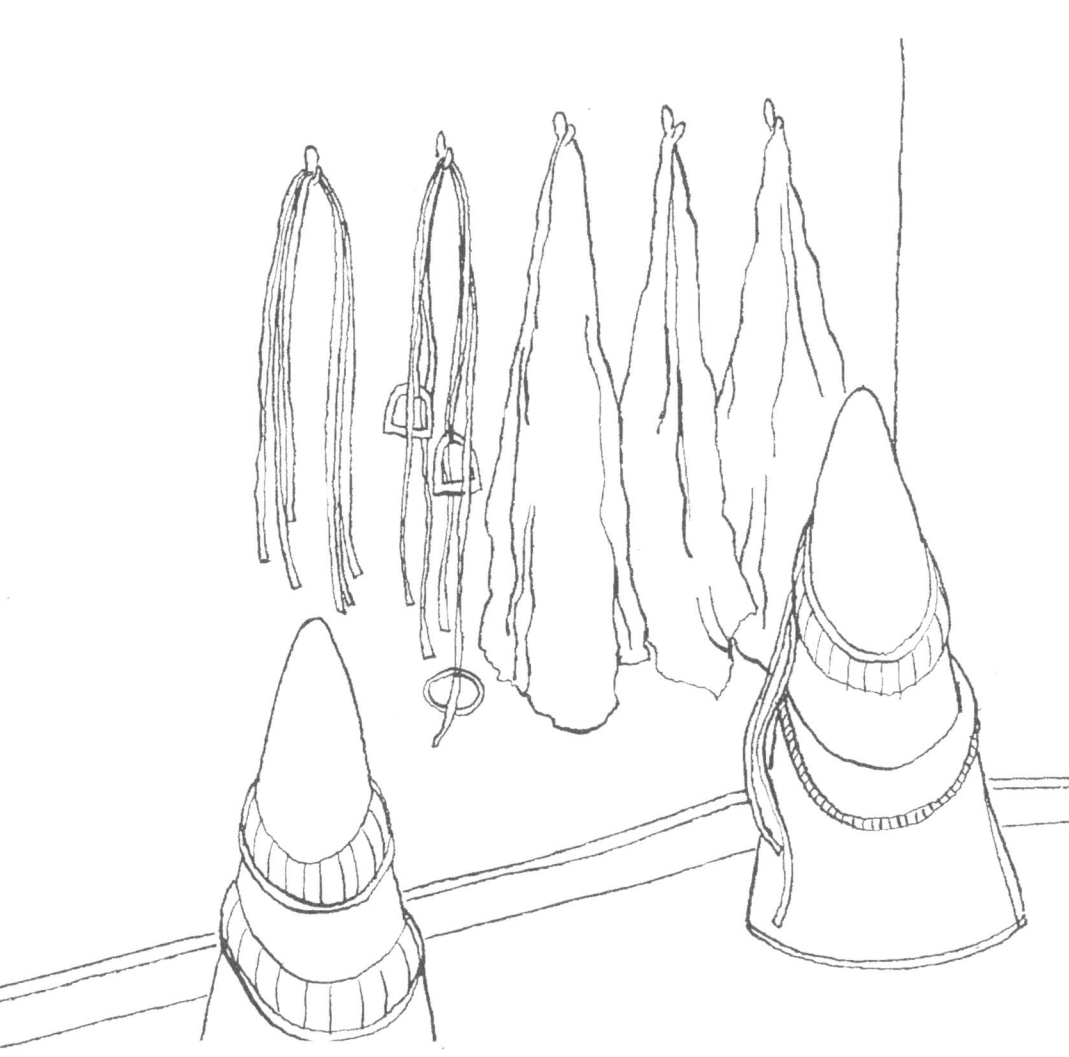

어머니와 아버지는 루이의 비명을 듣고 작업장으로 뛰어왔어요. 어머니가 깨끗한 물로 루이 얼굴에 흐르는 피를 닦아 주었어요. 루이의 눈에는 깊은 상처가 나 있었지요.

얼마 후 눈에 난 상처에 염증이 생겼어요. 루이는 눈이 따끔대고 아파서 자꾸만 눈을 비볐어요. 그 바람에 멀쩡한 눈에까지 염증이 번졌지요.

루이는 눈이 점점 나빠졌어요. 네 살이 되자 아무것도 볼 수 없게 되었지요. 아버지는 루이에게 지팡이를 만들어 주었어요. 루이는 지팡이를 눈 삼아 집과 마을의 모습을 익혀 나갔어요.

루이의 어머니와 아버지는 루이가 앞으로 어떻게 살아갈지 걱정이 되었어요. 장터 구석에 주저앉아 한 푼만 달라고 외치게 되지는 않을까 불안했지요. 당시에 앞을 못 보는 사람들은 일을 하지 못해서 사람들이 던져 주는 돈으로 먹고사는 경우가 많았거든요.

　루이는 모든 것을 새로 깨쳐야 했어요. 눈이 보일 때는 쉽게 할 수 있었던 일도 일일이 만지고 귀 기울이면서 다시 배워야 했지요.
　루이는 뭐든 빠르게 배워 나갔어요. 얼마 지나지 않아 혼자서 목욕을 하고 식구들도 도울 수 있게 되었지요. 하지만 루이는 늘 외로웠어요. 마을 친구들은 루이를 좋아했지만, 노는 데 끼워 주지는 않았거든요.

루이는 마을 신부님과 많은 시간을 보냈어요. 신부님은 루이에게 성경에 나오는 이야기들을 들려주고, 다양한 새와 동물들의 소리도 가르쳐 주었어요. 루이는 소리를 잘 구분할 줄 알았어요. 마을 사람들의 발소리만 듣고도 누구인지 알아맞힐 수 있었지요.

루이는 알고 싶은 게 무지무지 많았어요. 하지만 신부님은 바빠서 매일 루이에게 시간을 내줄 수가 없었어요. 그럴 때마다 루이는 스스로 책을 찾아볼 수 있다면 얼마나 좋을까 생각했어요.

　루이가 일곱 살 때 마을 학교에 새 선생님이 왔어요. 선생님은 루이를 학교에 다니게 해 주었지요.
　루이는 다른 학생들처럼 읽거나 쓸 수는 없었지만, 선생님의 얘기를 주의 깊게 듣고 기억했어요. 모르는 건 질문했고, 배운 것을 까먹지 않으려고 여러 번 되뇌었지요. 그런 루이는 반에서 일 등을 하기도 했어요.

　어느 날 신부님이 루이의 부모님을 찾아와서 파리에 앞을 보지 못하는 아이들이 음악과 기술을 배울 수 있는 시각 장애인 학교가 있다고 알려 주었어요. 그 학교는 눈먼 아이들을 위한 세계 최초의 학교였지요.
　열 살이 되자 루이는 파리로 떠났어요. 루이는 가족들과 헤어지는 것이 슬펐지만, 새 학교에 가게 되어 설레기도 했어요.

파리 왕립 맹아 학교는 크고 넓었어요. 선생님들은 엄격했고 어딜 가나 춥고 눅눅한 기운이 느껴졌어요.

루이는 모든 것이 낯설었어요. 교실이 어디고 식사 시간은 언제인지, 모르는 것투성이였지요. 다정한 가족들과 쿠브레 마을의 꽃 냄새, 새소리가 생각날 때면 당장이라도 집에 돌아가고 싶었어요.

　얼마 후 루이는 가브리엘이라는 친구를 사귀게 되었어요. 가브리엘은 루이의 가족과 고향에 대해 묻고, 학교에 대해 알려 주면서 루이에게 용기를 북돋아 주었어요.

루이는 아주 똑똑한 학생이었어요. 특히 지리와 역사, 수학 수업을 좋아했지요.

바구니와 실내화를 만드는 법도 배웠어요. 루이는 뜨개질과 실내화 만들기에서 우등상을 받았어요.

루이는 오르간 연주 실력도 아주 뛰어났어요. 나중에 성당에서 오르간 연주자로 일하기도 했지요.

루이는 책 읽는 법도 배웠어요. 학교에 특수한 책이 몇 권 있었는데, 종이 위에 글자를 도드라지게 만든 책이었어요. 하지만 이 책은 단어 하나를 손끝으로 느끼고 읽는 데 시간이 오래 걸렸어요. 문장의 마지막 글자를 읽을 때쯤이면 첫 글자가 생각나지 않을 정도였지요.

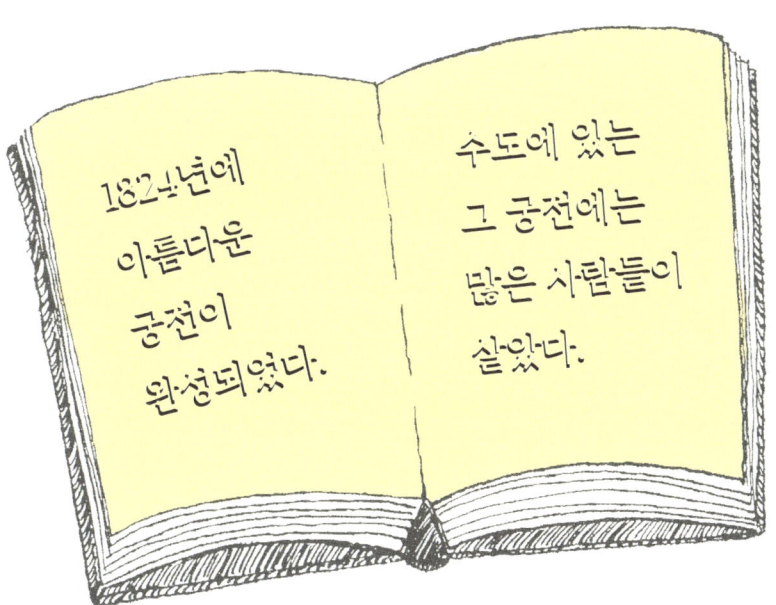

루이가 열두 살 때 샤를 바르비에라는 장교가 학교에 왔어요. 자신이 직접 만든 '밤 문자'를 알려 주기 위해서였지요. 밤 문자는 병사들이 한밤중에 정보를 비밀리에 전할 수 있도록 만든 문자예요.

 밤 문자는 긴 종이에 점과 선을 박아 넣어 여러 가지 소리를 표현했어요. 종이에 도드라진 점과 선을 만져 보고 뜻을 이해하는 방식이어서 깜깜한 밤에도 읽을 수 있었지요.

바르비에 장교는 밤 문자가 앞을 보지 못하는 사람들이 읽고 쓰는 데 도움이 될 거라고 생각했어요. 루이는 밤 문자가 무척 맘에 들었어요.

밤 문자에 익숙해진 루이는 친구들과 밤 문자로 편지를 주고받았어요. 하지만 막상 써 보니 밤 문자는 너무 복잡했어요. 하나의 소리를 표현하는 데 필요한 점의 개수가 너무 많았거든요. 또 숫자나 문장 부호를 나타낼 수도 없었지요.

　루이와 친구들은 실망했어요. 밤 문자로 글을 읽고 쓸 수 있을 거라고 생각했거든요. 루이는 글자를 더 빨리 읽고 쓸 수 있는 방법을 만들어야겠다고 마음먹었어요.

루이는 눈이 보이지 않는 사람들을 위한 새 문자를 만들고 싶었어요. 새로운 문자는 모양이 간단하고, 배우기 쉬워야 했어요.
　루이는 매일 밤늦도록 생각에 빠져 있었어요. 여름 방학에도 문자 연구에만 매달렸지요. 그 바람에 건강이 나빠지기도 했어요.

삼 년 뒤, 루이는 알파벳을 점으로 간단하게 나타내는 문자를 완성했어요. 도미노 블록에 찍힌 점처럼 최대 여섯 개의 점만 이용하는 문자였지요. 글자뿐 아니라 숫자와 문장 부호, 음표도 나타낼 수 있었어요.

루이의 점자는 점의 수가 적어 손가락을 살짝 스치기만 해도 글자를 읽을 수 있었어요. 교장 선생님은 열다섯 살 밖에 안 된 루이가 발명한 점자를 보고 깜짝 놀랐어요.

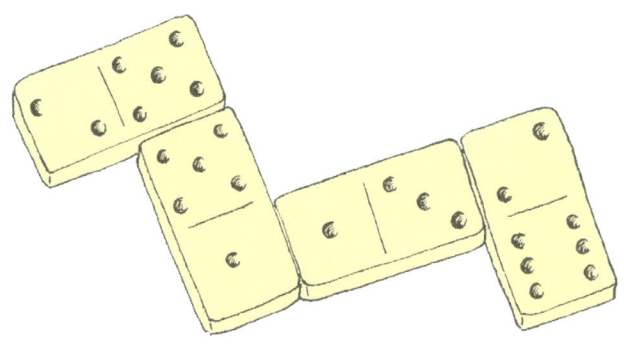

루이의 친구들은 금세 점자를 익혔어요. 이제 루이와 친구들은 수업 시간에 배운 것들을 적을 수 있었고 일기도 쓸 수 있었어요.

몇 년 후 루이는 파리 왕립 맹아 학교의 선생님이 되었어요. 학교의 학생과 선생님들은 모두 루이의 점자를 썼어요.

하지만 다른 사람들은 점자에 대해 잘 몰랐어요. 눈이 보이는 사람들은 눈먼 사람들이 글자를 배울 필요가 없다고 생각했거든요. 루이는 그런 사람들의 생각에 아랑곳하지 않고 점자를 더 많은 사람들에게 알리려고 했어요.

　루이는 장애가 있는 사람도 배우고 익히면 더 나은 삶을 살 수 있다고 생각했어요.

　루이는 나이가 들면서 건강이 약해졌지만 학생들을 가르치는 일을 멈추지 않았어요. 점자 악보를 만들고, 점자를 더 쉽게 고칠 방법을 궁리하기도 했지요.

건강을 돌보지 않고 점자 연구에 몰두하던 루이는
결국 마흔세 살의 나이로 세상을 떠났어요.

루이가 죽고 얼마 지나지 않아, 루이가 만든 '브라유 점자'는 프랑스 전 지역에서 쓰이게 되었어요. 서서히 다른 나라로도 퍼져 나갔지요.

 브라유 점자는 루이의 바람처럼 눈이 보이지 않는 사람들에게 큰 힘이 되었어요. 앞을 볼 수 없는 사람들에게 지식의 문을 열어 준 거예요.

♣ 사진으로 보는 루이 브라유 이야기 ♣

루이 브라유 박물관

 루이가 태어난 집은 현재 박물관으로 지정되어 보존되고 있어요. 루이를 기리는 많은 사람들이 루이의 흔적을 찾아 이곳을 방문하지요. 이제 쿠브레 마을 광장은 브라유 광장으로 불려요. 광장에 있는 기념비에는 루이가 점자를 가르치는 모습과 루이가 만든 점자가 새겨져 있어요.

 지금 루이 브라유는 이렇게

루이 브라유의 흉상이에요.
루이가 만든 점자는 세계 곳곳에서
앞을 보지 못하는 사람들이 편리하게
사용하고 있어요.

널리 존경받고 있지만, 살아 있을 때에는 그 업적을 제대로 평가받지 못했어요. 루이가 죽고 나서야 브라유 점자는 인정을 받아 프랑스 전 지역에서 쓰이게 되었지요. 브라유 점자는 한번 퍼지기 시작하자 아주 빠르게 전 세계에 번져 나갔어요.

루이의 묘는 원래 마을의 공동묘지에 있었어요. 루이가 죽은 지 꼭 백 년이 되는 1952년에 프랑스를 빛낸 사람들의 묘가 있는 국립묘지 판테온으로 옮겨졌지요. 점자를 만들어 장애가 있는 사람도 비장애인과 똑같이 읽고 쓸 수 있게 만들어 준 루이 브라유에게 감사와 존경을 바친다는 의미였어요.

루이 브라유의 묘가 있는 판테온이에요. 판테온은 프랑스 파리에 있는 사원이에요. 위고, 루소, 볼테르 등 프랑스의 위대한 인물들의 묘가 이곳에 있지요.

시각 장애인의 친구, 안내견

안내견은 앞을 보지 못하는 사람들에게 길을 알려 주도록 훈련된 개를 말해요. 맹인 안내견 또는 맹도견이라고도 불리지요. 최초의 안내견 학교는 1916년에 독일에서 생겼어요. 전쟁에서 부상을 당해 시력을 잃은 사람들이 많아졌고, 그 사람들이 안내견의 도움을 필요로 했거든요.

안내견은 늘 주인 곁에 함께 다니면서 좋은 친구이자 눈이 되

시각 장애인의 눈이 되어 주는 안내견이에요. 목줄을 잡아당기거나 느슨하게 해서 주인에게 길을 알려 주지요. 안내견은 아주 영리해서 평소에는 주인을 잘 따르지만, 주인이 위험할 경우에는 명령에 따르지 않아요.

어 주어요. 안내견은 대부분 셰퍼드종으로 지능이 뛰어나고 암컷이 많아요. 더러 레트리버종 등 다른 종도 있지요.

안내견이 되기 위해서는 반드시 엄격한 훈련을 거쳐야 해요. 보통 한 살 쯤부터 훈련을 받게 되는데 훈련을 통해 주인의 장애가 어느 정도인지, 또 장애의 정도에 따라 어떻게 행동해야 하는지를 배워요.

한글 점자를 만든 박두성

박두성은 한글 점자 '훈맹정음'을 만든 사람이에요. 1888년 인천 강화에서 태어나 평생을 맹인 교육에 힘썼지요.

박두성은 '제생원' 맹아부에서 눈에 장애가 있는 학생들을 가르쳤어요. 당시에는 장애인을 무시하고 얕보는 사람들이 많았어요. 하지만 박두성은 장애가 있는 사람도 비장애인과 똑같이 교육을 받을 권리가 있다고 생각했어요. 그래서 전국 곳곳을 돌며 장애가 있는 아이들을 제생원으로 데려와 공부시켰지요.

그런데 애써 모은 학생들을 가르치려고 보니 제대로 된 한글 점자가 없어서 불편했어요. 당시에 쓰이던 한글 점자는 선교사 로제타 홀이 점 네 개로 이루어진 '뉴욕 포인트' 점자를 한글식으로 바꾸어 놓은 거였어요.

박두성은 우리나라 사람들이 쉽게 익힐 수 있는 한글 점자를 만들어야겠다고 마음먹었어요. 조선어 점자 연구회를 만들어서 한글의 원리를 꼼꼼히 살폈고 브라유 점자도 참고했어요.

박두성이 만든 훈맹정음이에요. 훈맹정음을 반포한 11월 4일은 '한글 점자의 날'로 기념하고 있지요.

마침내 1926년에 한글 점자가 탄생했어요. 박두성은 이 한글 점자를 '훈맹정음'이라 이름 붙였어요. '눈먼 사람들을 가르치는 바른 소리'라는 뜻이지요. 박두성은 세상을 떠날 때까지 수많은 책들을 점자로 옮겼고 《촛불》이라는 점자 신문도 만들었어요.

우리나라에서는 박두성이 훈

한글 점자를 만든 박두성이에요. 박두성은 시각 장애인이 아니었음에도 누구보다 시각 장애인의 어려움을 잘 알고 그들을 돕기 위해 평생을 바쳤지요.

맹정음을 반포한 11월 4일을 '한글 점자의 날'로 정해 기념하고 있어요. 뿐만 아니라 점자 도서관도 세우고, 점자를 배울 수 있는 곳도 만들고 있어요. 점자가 시력이 아주 나쁜 사람들이나 나이가 들어 시력이 약해진 사람들에게도 편리하게 사용될 수 있기 때문이지요.

점자 읽는 법

주변에서 점자를 찾아보세요. 엘리베이터나 지하철 등 우리가 자주 이용하는 곳에서 점자를 쉽게 찾을 수 있을 거예요. 우리 생활 속 점자, 어떻게 읽을까요?

점자를 읽는 방법은 다음과 같아요.

1. 볼록하게 튀어나온 점을 손끝으로 만져서 읽어요.
2. 점자는 왼쪽에서 오른쪽으로 읽어 나가요.
3. 점자는 자음과 모음을 풀어서 적어요.
4. 기본 자음 열네 글자는 첫소리로 쓰일 때와 받침으로 쓰일 때를 달리해서 적어요.
5. 일반적으로 모음 'ㅏ'는 생략해요.
6. 자주 쓰이는 낱말은 '약자'로 표현해요.

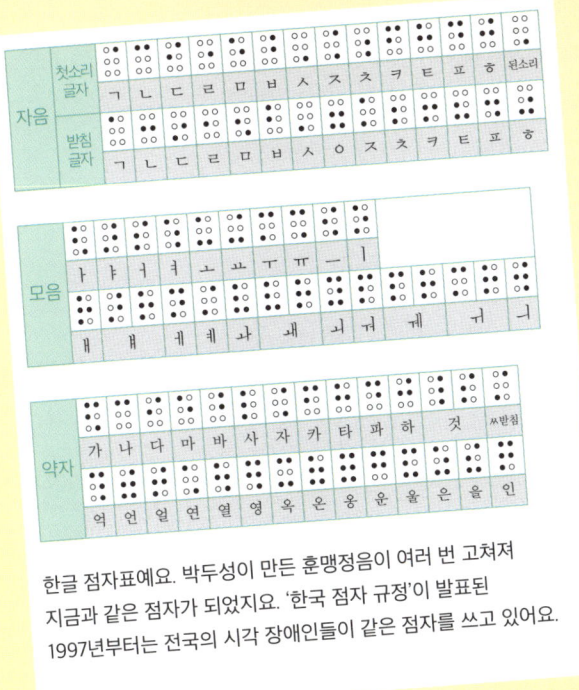

한글 점자표예요. 박두성이 만든 훈맹정음이 여러 번 고쳐져 지금과 같은 점자가 되었지요. '한국 점자 규정'이 발표된 1997년부터는 전국의 시각 장애인들이 같은 점자를 쓰고 있어요.

아주 간단하지요? 그럼 점자표를 보면서 아래의 글자를 읽어 보세요.

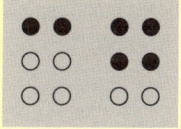

어떤 단어인가요? 앞 글자는 첫소리 'ㄴ'을, 뒷 글자는 약자 '운'을 뜻하는 말이에요. 그러니까 합쳐서 '눈'이라고 읽을 수 있지요.

함께 보면 쏙쏙 이해되는 역사

◆ 1809년
프랑스의 작은 마을 쿠브레에서 태어남.

~1800 | 1800

• 1784년
발랑탱 아우이가 세계 최초로 프랑스 파리에 맹아 학교를 엶.

◆ 1852년
폐결핵으로 세상을 떠남.

◆ 1854년
브라유 점자가 프랑스 파리의 왕립 맹아 학교에서 공식적으로 사용됨.

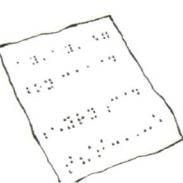

1850 | 1890

• 1894년
의료 선교사인 로제타 홀이 우리나라 최초의 특수 학교인 평양 맹아 학교를 세움.

◆ 루이 브라유의 생애
● 시각 장애인 교육의 역사

1819년
프랑스 파리에 있는 왕립 맹아 학교에 다니기 시작함.

1824년
브라유 점자를 처음 만듦.

1810   **1820**

1920

1926년
박두성이 한글 점자인 '훈맹정음'을 만들어 알림.

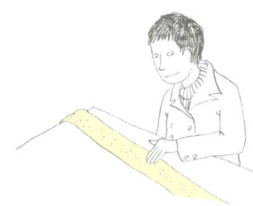

추천사

「새싹 인물전」을 펴내면서

요즈음 아이들에게 '훌륭한 사람'이 누구냐고 물으면 '돈 많이 버는 사람'이라고 대답한다고 합니다. 초등학생의 태반은 가수나 배우가 되고 싶어 하고요. 돈 많이 버는 사람이나 연예인이라는 직업이 나쁘다는 것이 아니라, 아이들이 각자가 갖고 있는 재능과는 상관없이 모두 똑같은 꿈을 갖는 것 같아 걱정입니다. 또 한편으로는 아이들이 진정 마음으로 닮고 싶은 사람에 대한 정보가 부족한 것은 아닌가 하는 생각도 듭니다.

어릴수록 위인 이야기의 힘은 큽니다. 아직 어리고 조그마한 아이들은 자신이 보잘것없다고 생각하고 위인들의 성공에 감탄합니다. 하지만 그네들에게는 끝없이 열린 미래가 있습니다. 신화처럼 빛나는 위인들의 모습은 아이들에게 훌륭한 역할 모델이 되고, 그런 삶을 살기 위해 무엇을 어떻게 해야 할지를 알려 주는 밝은 등대가 됩니다.

그렇다면 우리가 어른으로서 아이들에게 권해야 할 위인전은 무엇일까요? 보통 우리가 생각하는 '위인'은 훌륭한 업적을 남긴

위대한 사람, 멋지고 능력 있는 사람입니다. 하지만 시대가 변했으니 아이들이 역할 모델로 삼을 수 있는 위인의 정의나 기준도 변해야 할 것입니다.

그런 의미에서 비룡소의 「새싹 인물전」은 종래의 위인전과는 다른 점이 많습니다. 시리즈 이름이 '위인전'이 아닌 '인물전'이라는 데 주목하기 바랍니다. 「새싹 인물전」은 하늘에서 빛나는 위인을 옆자리 짝꿍의 위치로 내려놓습니다. 만화 같은 친근한 일러스트는 자칫 생소할 수 있는 옛사람들의 이야기를 일상에서 만날 수 있는 재미있는 사건처럼 보여 줍니다.

또 하나, 「새싹 인물전」에는 위인전에 단골로 등장하는 태몽이나 어린 시절의 비범한 에피소드, 위인 예정설 같은 과장이 없습니다. 사실 이런 이야기들은 현대를 사는 아이들에게는 황당하고 이해하기 힘든 일일 뿐입니다. 그보다는 천 리 길도 한 걸음부터, 큰 성공도 자잘한 일상의 인내와 성실함이 없었다면 이루어질 수 없었다는 것을 알려 주는 것이 중요합니다. 세상 사람들의 우러름을 받는 이들도 여느 아이들과 같은 시절을 겪었음을 보여 줌으로써, 아이들에게 괜한 열등감을 주지 않고 그네들의 모습을 마음속에 담을 수 있도록 해 주는 것입니다.

덧붙여 위인전이란 그 인물이 얼마나 훌륭한 업적을 남겼는가 보여 주는 것도 중요하지만, 얼마나 참된 인간다움을 보였는가를 알려 줄 필요도 있습니다. 여기서 '인간다움'이란 기본적인 선함과 이해심, 남을 위해 봉사할 수 있는 사랑과 배려, 그리고 한 가지 목표를 설정하고 앞으로 나아갈 수 있는 의지와 용기를 말합니다. 성취라는 결과보다는 성취하기 위한 과정을 보여 주고, 사회적인 성공보다는 한 인간으로서 얼마나 자기 자신에게 철저하고 진실했는지를 보여 주는 것이 중요하다는 것입니다.

하지만 아무리 좋은 가르침도 사랑과 따뜻함이 없으면 억누름과 상처가 될 뿐이겠지요. 「새싹 인물전」은 나의 노력과 의지에 따라 얼마든지 의미 있는 삶을 살 수 있음을 알려 줍니다. 내가 알고 있는 삶 외에도 또 다른 삶이 존재할 수 있다는 것, 꿈을 키우고 이

루어 가는 과정에서 배우고 경험하게 되는 것들의 가치, 그런 따뜻함을 담고 있는 위인전입니다. 부디 이 책이 삶의 첫발을 내딛는 아이들에게 좋은 길잡이가 되었으면 하는 바람입니다.

기획 위원

박이문(전 연세대 교수, 철학)
장영희(전 서강대 교수, 영문학)
안광복(중동고 철학 교사, 철학 박사)

● 사진 제공
48쪽_ 게티 이미지. 49~50쪽_ 토픽 포토 에이전시. 51쪽_ (재)인천 문화 재단.

글쓴이 **테사 포터**
어린이 책 작가로 문학, 논픽션 등 다양한 책을 썼다. 작품으로 『골프호크 학교의 유령 The ghost of golfhawk school』, 『베어울프와 용 Beowulf and the Dragon』 등이 있다.

그린이 **헬레나 오웬**
어린이 책 일러스트레이터로 그림책, 논픽션 등 다양한 책에 그림을 그렸다. 그린 책으로 『안네 프랑크』, 『꼬마 분홍 발레리나 Little Pink Ballerina』 등이 있다.

옮긴이 **이다희**
펜실베이니아 주립 대학교에서 철학을, 서울 대학교 대학원에서 서양 고전학을 공부했다. 옮긴 어린이 책으로 『위풍당당 질리 홉킨스』, 『신데렐라』, 『마리 퀴리』, 『토머스 에디슨』, 『벤의 트럼펫』 등이 있다.

새싹 인물전 034

루이 브라유

1판 1쇄 펴냄 2010년 6월 24일   1판 12쇄 펴냄 2020년 5월 22일
2판 1쇄 펴냄 2021년 5월 28일   2판 3쇄 펴냄 2024년 1월 18일

글쓴이 테사 포터   그린이 헬레나 오웬   옮긴이 이다희
펴낸이 박상희   편집장 전지선   편집 이지은   디자인 박연미, 지순진
펴낸곳 (주)비룡소   출판등록 1994.3.17. (제16-849호)
주소 06027 서울시 강남구 도산대로1길 62 강남출판문화센터 4층
전화 02)515-2000 팩스 02)515-2007   홈페이지 www.bir.co.kr
제품명 어린이용 각양장 도서   제조자명 (주)비룡소   제조국명 대한민국   사용연령 3세 이상

ISBN 978-89-491-2914-3 74990
ISBN 978-89-491-2880-1 (세트)

「새싹 인물전」 시리즈

001	**최무선** 김종렬 글 이경석 그림	031	**유관순** 유은실 글 곽성화 그림
002	**안네 프랑크** 해리엇 캐스터 글 헬레나 오웬 그림	032	**알렉산더 벨** 에마 피시엘 글 레슬리 뷔시커 그림
003	**나운규** 남찬숙 글 유승하 그림	033	**윤봉길** 김선희 글 김홍모·임소희 그림
004	**마리 퀴리** 캐런 월리스 글 닉 워드 그림	034	**루이 브라유** 테사 포터 글 헬레나 오웬 그림
005	**유일한** 임사라 글 김홍모·임소희 그림	035	**정약용** 김은미 글 홍선주 그림
006	**윈스턴 처칠** 해리엇 캐스터 글 린 윌리 그림	036	**제임스 와트** 니컬라 백스터 글 마틴 렘프리 그림
007	**김홍도** 유타루 글 김홍모 그림	037	**장영실** 유타루 글 이경석 그림
008	**토머스 에디슨** 캐런 월리스 글 피터 켄트 그림	038	**마틴 루서 킹** 베르나 윌킨스 글 린 윌리 그림
009	**강감찬** 한정기 글 이홍기 그림	039	**허준** 유타루 글 이홍기 그림
010	**마하트마 간디** 에마 피시엘 글 리처드 모건 그림	040	**라이트 형제** 김종렬 글 안희건 그림
011	**세종 대왕** 김선희 글 한지선 그림	041	**박에스더** 이은정 글 곽성화 그림
012	**클레오파트라** 해리엇 캐스터 글 리처드 모건 그림	042	**주몽** 김종렬 글 김홍모 그림
013	**김구** 김종렬 글 이경석 그림	043	**광개토 대왕** 김종렬 글 탁영호 그림
014	**헨리 포드** 피터 켄트 글·그림	044	**박지원** 김종광 글 백보현 그림
015	**장보고** 이옥수 글 원혜진 그림	045	**허난설헌** 김은미 글 유승하 그림
016	**모차르트** 해리엇 캐스터 글 피터 켄트 그림	046	**링컨** 이명랑 글 오승민 그림
017	**선덕 여왕** 남찬숙 글 한지선 그림	047	**정주영** 남경완 글 임소희 그림
018	**헬렌 켈러** 해리엇 캐스터 글 닉 워드 그림	048	**이호왕** 이영서 글 김홍모 그림
019	**김정호** 김선희 글 서영아 그림	049	**어밀리아 에어하트** 조경숙 글 원혜진 그림
020	**로버트 스콧** 에마 피시엘 글 데이브 맥타가트 그림	050	**최은희** 김혜연 글 한지선 그림
021	**방정환** 유타루 글 이경석 그림	051	**주시경** 이은정 글 김혜리 그림
022	**나이팅게일** 에마 피시엘 글 피터 켄트 그림	052	**이태영** 공지희 글 민은정 그림
023	**신사임당** 이옥수 글 변영미 그림	053	**이순신** 김종렬 글 백보현 그림
024	**안데르센** 에마 피시엘 글 닉 워드 그림	054	**오드리 헵번** 이은정 글 정진희 그림
025	**김만덕** 공지희 글 장차현실 그림	055	**제인 구달** 유은실 글 서영아 그림
026	**셰익스피어** 에마 피시엘 글 마틴 렘프리 그림	056	**가브리엘 샤넬** 김선희 글 민은정 그림
027	**안중근** 남찬숙 글 곽성화 그림	057	**장 앙리 파브르** 유타루 글 하민석 그림
028	**카이사르** 에마 피시엘 글 레슬리 뷔시커 그림	058	**정조 대왕** 김종렬 글 민은정 그림
029	**백남준** 공지희 글 김수박 그림	059	**나폴레옹 보나파르트** 남찬숙 글 남궁선하 그림
030	**파스퇴르** 캐런 월리스 글 레슬리 뷔시커 그림	060	**이종욱** 이은정 글 우지현 그림

061 **박완서** 유은실 글 이윤희 그림
062 **장기려** 유타루 글 정문주 그림
063 **김대건** 전현정 글 홍선주 그림
064 **권기옥** 강정연 글 오영은 그림
065 **왕가리 마타이** 남찬숙 글 윤정미 그림
066 **전형필** 김혜연 글 한지선 그림
067 **이중섭** 김유 글 김홍모 그림
068 **그레이스 호퍼** 박주혜 글 이해정 그림

* 계속 출간됩니다.